ANALISI DEL LIBRO

AF142078

Quel che il giorno deve alla notte

• • • • • • • • • • • • • •

Yasmina Khadra

ANALISI DEL LIBRO

Scritto da Ludivine Auneau
Tradotto da Sara Rossi

Quel che il giorno deve alla notte

YASMINA KHADRA

YASMINA KHADRA

SOLDATO E SCRITTORE ALGERINO

- **Luogo e data di nascita: Sahara algerino, 1955.**
- **Opere principali:**
  - *Le rondini di Kabul* (2002), romanzo
  - *L'attacco* (2005), romanzo
  - *Le sirene di Baghdad* (2006), romanzo

Yasmina Khadra è lo pseudonimo di Mohammed Moulessehoul. Nato nel Sahara algerino nel 1955, suo padre era un infermiere e sua madre una nomade. Ha prestato servizio come ufficiale dell'esercito algerino per 36 anni e ha pubblicato sei romanzi con il suo vero nome prima di adottare diversi pseudonimi per eludere la censura militare. In particolare, ha scelto il nome Yasmina Khadra in omaggio a sua moglie, poiché questi sono i suoi due cognomi. La scelta di uno pseudonimo femminile è stata anche un modo per prendere posizione nel dibattito sull'emancipazione delle donne musulmane.

Scrive in francese, ma le sue opere sono state tradotte in molte altre lingue e diverse sono state adattate per lo schermo.

QUEL CHE IL GIORNO DEVE ALLA NOTTE

L'AMORE DI UNA VITA NELL'ALGERIA COLONIALE

- **Genere:** romanzo
- **Edizione di riferimento:** Khadra, Y. (2011) *What the Day Owes the Night*. Trans. Wynne, F. London: Vintage.
- **Prima edizione:** 2008
- **Temi:** amore, amicizia, guerra, crisi d'identità

"Quel che il giorno deve alla notte" è stato pubblicato per la prima volta in francese nel 2008. Narra la vita di Younes, un giovane algerino, il cui padre perde i campi a causa di un incendio doloso. Viene, quindi, adottato dallo zio chimico, che lo introduce nella comunità pied-noir (persone di origine europea immigrate nell'Algeria francese) della città di Orano. Nascono forti amicizie, che però vengono messe alla prova dall'arrivo della bella Émilie. Quando scoppia la guerra d'indipendenza algerina, tutti devono scegliere da che parte stare pur trovando la propria strada nella vita.

Il romanzo ha vinto diversi premi letterari, tra cui il Prix Romans France Télévisions nel 2008 e il Prix des Lecteurs de Corse nel 2009, oltre a essere stato votato come miglior romanzo del 2008 dalla rivista letteraria *Lire*.

SINTESI

Nell'Algeria degli anni Trenta, il raccolto promette finalmente di essere abbondante per Issa e la sua famiglia. Tuttavia, tre giorni prima dell'inizio della mietitura, un incendio doloso distrugge i suoi campi e con essi le sue ultime speranze. A Issa non resta che abbandonare le proprie terre e tornare a Orano (una città costiera dell'Algeria nord-occidentale), dove vive il fratello Mahi, un chimico. Le vite dei due fratelli hanno seguito strade diverse e non si vedono ormai da anni. Mahi ha ricevuto un'istruzione fin da giovane, che gli ha dato la possibilità di intraprendere una carriera di successo e di vivere una vita tranquilla in un quartiere urbano di lusso, mentre Issa ha ereditato solo pochi ettari di terreno agricolo. Sebbene Issa abbia la sensazione che il fratello lo abbia abbandonato e nutra un certo risentimento nei suoi confronti, decide di andare a informarlo che ha perso le loro terre ancestrali. Tuttavia, essendo troppo orgoglioso per accettare la carità da lui, prende alloggio a Jenane Jato, la baraccopoli della città. Rendendosi conto dell'instabilità della sua situazione, torna dal fratello per chiedergli un prestito. Mahi è disposto a dargli tutto il denaro di cui ha bisogno e gli suggerisce anche di accogliere suo nipote, Younes, per dargli un'istruzione e assicurargli un futuro brillante. Tuttavia, la sua offerta è fatta con così poco tatto che Issa pensa che Mahi gli stia dando del cattivo padre, va su tutte le furie e pone fine ai loro rapporti.

Poco dopo, Issa riesce a racimolare abbastanza denaro per avviare un'attività commerciale, ma El Moro, il terrore delle strade locali, viene a sapere delle sue intenzioni e gli sottrae con prepotenza i soldi. Pochi giorni dopo, Issa si vendica ed El Moro viene trovato ucciso. Issa ripensa all'offerta del fratello e gli affida il figlio.

Mahi e sua moglie Germaine adottano immediatamente il nipote e decidono di ribattezzarlo "Jonas". Il loro scopo nel dargli questo nuovo nome è quello di aiutarlo a dimenticare il suo vecchio stile di vita e cercano di trattarlo come un figlio. Sebbene sia grato, il cambiamento è uno shock per il giovane ragazzo, che non è abituato a ricevere così tante attenzioni, a confrontarsi con una barriera linguistica e alla nuova cultura in cui viene immerso. Mahi passa diversi mesi a insegnargli le buone maniere e la lingua francese.

Passano due anni e Jonas si iscrive alla scuola locale. Un giorno, mentre torna a casa dalle lezioni, vede per caso un uomo ubriaco che viene buttato fuori da un bar. Riconosce subito suo padre, ma Issa fugge per la vergogna. Tre settimane dopo, Mahi viene a sapere che Issa è scomparso.

Scoppia la guerra in Europa, che preoccupa i pieds-noirs. Mahi viene arrestato e incarcerato per una settimana per aver ospitato a casa sua le riunioni del Partito Nazionalista Algerino. Non vuole mai più subire quella settimana di prigionia e la sua paura lo spinge a lasciare Orano e a trasferirsi a Rio Salado (l'antico nome di El Malah, nel nord-ovest dell'Algeria) con la moglie e il nipote.

A Rio Salado, Jonas incontra Isabelle Rucillio e condivide con lei il suo primo bacio. Tuttavia, quando lei scopre la sua vera identità, rifiuta di rivederlo: "Non penserai mica che io possa sposare un arabo? Preferirei morire!". (p. 118). Lì incontra anche Émilie, una bambina di nove anni che ogni mercoledì va in farmacia a farsi curare. Jonas è affascinato da lei, ma un giorno scompare improvvisamente.

È anche il momento in cui Jonas incontra i suoi migliori amici: Jean-Christophe, Fabrice, Simon e André. Un'estate, quando ha 17 anni, Jonas subisce il fascino di una donna più grande, Madame Cazenave. La donna è attratta dal fascino del giovane e lo attira a casa sua, dove gli fa provare per la prima volta i piaceri della carne. Jonas è rapito da questa nuova esperienza e si infatua completamente di lei, ma lei gli dice di dimenticare che sia mai successo, facendolo passare per una semplice avventura giovanile.

Mentre l'Europa festeggia la fine della guerra, per l'Algeria l'incubo è appena cominciato. Il Paese chiede l'indipendenza, ma poi precipita nel caos: gli incendi dolosi e gli scontri si diffondono e i civili non vengono risparmiati. Mahi, che era già psicologicamente fragile, scopre che la presa sulla sua sanità mentale sta scivolando un po' più in là.

André decide di aprire una tavola calda. Il giorno dell'inaugurazione, tutti gli occhi sono attratti da una splendida giovane donna: Émilie, figlia di Madame Cazenave. Fabrice e Simon si innamorano immediatamente di lei.

Émilie e Fabrice iniziano una relazione, ma Émilie si rende conto che il Jonas che conosce ora è lo stesso ragazzo che aveva incontrato in farmacia dieci anni prima. Da quel momento in poi, cerca costantemente di farsi notare da lui. La madre si accorge del suo interesse per Jonas e gli fa promettere di stare lontano da lei. Tuttavia, arriva troppo tardi, perché lui si è già innamorato perdutamente di Émilie, ma per rispetto a Fabrice e per mantenere la promessa fatta a Madame Cazenave, inizia a evitarla per togliersela dalla testa. Anche Jean-Christophe finisce per innamorarsi di lei e decide di dichiararle il suo affetto chiedendole di sposarlo. Proprio mentre cerca di trovare il coraggio di confessare i suoi sentimenti, sente Émilie parlare con Jonas e dichiarare il suo amore per lui. Con il cuore spezzato, scompare per diverse settimane senza dire una parola.

Émilie continua a cercare di conquistare Jonas per diversi mesi, ma lui non cede mai. Rimane irremovibile anche quando lei lo prega di confessare il suo amore per mettere fine al matrimonio che la madre ha organizzato per lei con Simon e così il matrimonio va avanti come previsto. Émilie ha un figlio pochi mesi dopo.

Mahi muore nel 1954, cinque mesi prima dello scoppio della Guerra d'Indipendenza. I pieds-noirs di Rio Salado non sono particolarmente preoccupati: il conflitto non ha ancora raggiunto la loro città e assistono alla guerra come semplici spettatori, ma non passa molto tempo prima che la tensione si diffonda e la tranquillità della città venga sconvolta. Scoppiano incendi qua e là e quando viene scoperto un cadavere mutilato, la comunità è scossa nel profondo. I sospetti cadono immediatamente su Jelloul, il servo arabo di André e Jonas osa finalmente schierarsi dalla parte della sua gente difendendolo.

Nel 1957, Jean-Christophe torna in città e sposa Isabelle Rucillio, rifiutandosi fermamente di vedere Jonas.

Nello stesso anno, la tragedia colpisce Émilie e suo figlio quando Simon viene ucciso dai fellagas (ribelli) e la loro casa viene bruciata. Quando Jonas viene a sapere che lei è partita per Orano, va a cercarla per cercare di riconquistarla. Tuttavia, Émilie lo rifiuta, dicendogli che ha avuto la sua occasione anni prima e che ormai è troppo tardi.

Quando Jonas torna a Rio Salado, lui e sua zia vengono presi in ostaggio nella loro casa da Jelloul e dai suoi compagni, che si sono uniti alla Resistenza. I ribelli minacciano di ucciderli se non curano la ferita da arma da fuoco del loro leader. La loro prigionia dura dieci lunghi giorni, finché i rapitori decidono di andarsene. Tuttavia, uno di loro torna regolarmente, su ordine del capitano, per rifornirsi di materiale medico. Un giorno viene catturato da un membro della milizia, che sequestra immediatamente Jonas, in quanto proprietario dell'unica farmacia della città. Jonas viene torturato per diversi giorni, finché il padre di Isabelle non interviene e pone fine al suo incubo da sveglio.

Molti anni dopo, ormai cinquantottenne, Jonas scopre che Émilie vive in Francia e vola a trovarla. Lei lo respinge definitivamente e lui non la rivede più.

Decenni dopo, tutti si riuniscono in Francia un'ultima volta per il funerale di Émilie. Si ride, si piange, si ricordano i bei tempi e si lascia andare qualche vecchio rancore. Jonas dà l'addio all'amore che non ha mai avuto la possibilità di sbocciare e sparge sulla sua tomba la polvere della rosa che le aveva offerto 70 anni prima.

STUDIO DEI PERSONAGGI

ISSA

Sposato e padre di due figli, Issa è perseguitato da fallimenti e sfortune: ad esempio, il suo promettente raccolto viene incendiato da piromani, il che lo spinge a tornare a Oran, dove il fratello vive in modo confortevole. Quando il fratello si offre di assicurare un futuro brillante al nipote, la sua reazione è sproporzionatamente ostile e alimentata dall'orgoglio. In effetti, l'eccessivo orgoglio è la sua caratteristica distintiva che alla fine lo porterà alla rovina. Nonostante il suo carattere taciturno, l'amore per il figlio è innegabile e questo lo porta ad affidarlo alla fine al fratello. Dopo la partenza di Younes, Issa cerca conforto nell'alcol, fino al giorno in cui incrocia il figlio mentre è ubriaco e viene gettato in strada come un comune delinquente. Issa si rende conto di aver toccato il fondo e si vergogna a tal punto da sparire, abbandonando la famiglia.

IL NARRATORE, YOUNES/JONAS

Fin dalle prime pagine del libro, è chiaro che il narratore sia il personaggio centrale della storia e viene presto identificato come il figlio di Issa. Tuttavia, il suo nome viene rivelato solo molto più avanti nella storia: apprendiamo che si chiama Younes solo quando lo zio Mahi e la zia Germaine lo adottano e lo ribattezzano Jonas.

Il nome "Younes" è associato al suo popolo d'origine, mentre "Jonas" è legato alla comunità in cui è stato adottato. A seconda delle persone con cui interagisce, non usa sempre lo stesso nome. Ad esempio, quando incontra Émilie, di nove anni, si presenta come Younes, senza dubbio per un desiderio di autenticità. Tuttavia, lei lo chiama sempre e solo Jonas. Anche Jelloul a volte lo chiama Younes come una sorta di sfida, usando il suo nome di nascita per cercare di ricordargli le sue origini: "Esatto, Younes. Volta le spalle alla verità, alla tua gente, torna dai tuoi amici. Younes. Ti ricordi ancora il tuo nome?". (p. 178). Fino alla fine del romanzo, la sua identità non è mai veramente chiara: oscilla tra un nome e l'altro, trascorrendo molti anni alla ricerca di sé stesso.

Il giorno in cui lo zio lo accoglie, lo shock culturale è tremendo: passa dall'incertezza di Jenane Jato al comfort della comunità pied-noir. Sebbene apprezzi la sua nuova vita, il razzismo a cui è esposto è talvolta feroce. Il giorno in cui incontra i suoi amici Jean-Christophe, Fabrice, Simon e André è quello in cui la sua integrazione nella comunità è finalmente completa. Tuttavia, anche alcuni di loro, come André, a volte dimenticano le origini di Younes e si lasciano sfuggire commenti offensivi: "Gli arabi sono come i cani, bisogna picchiarli per farli comportare bene" (p. 135). Quando Émilie appare sulla scena, la sua enorme lealtà lo porta a tacere il suo amore per lei piuttosto che rischiare di perdere uno dei suoi amici. Tuttavia, continuerò ad amarla per il resto della sua vita.

MAHI

Mahi è il fratello maggiore di Issa. Quando sono stati separati da bambini, Mahi ha avuto la possibilità di ricevere un'istruzione e di diventare un farmacista nella città di Orano. È sposato con Germaine, conosciuta all'università ed è molto rispettato nella comunità pied-noir. Younes non ha mai sentito parlare di suo zio finché la sua famiglia non è stata costretta a trasferirsi a Orano. Quando Mahi si accorge dell'instabilità della situazione di Issa, vuole offrire al nipote le stesse opportunità che ha ricevuto lui da giovane. Accoglie generosamente Younes nella sua casa, adottandolo come figlio e assicurandogli la migliore istruzione possibile. È molto colto e molto impegnato politicamente: organizza riunioni segrete con il Partito Nazionalista Algerino, dopo le quali lo si può sempre trovare "a prendere appunti su un grande quaderno cartonato" (p. 98).

La sua prigionia lo ha cambiato per sempre. Anche se non ci viene mai detto cosa ha passato durante la sua settimana in carcere, sembra che volessero usarlo come spia. Con il passare degli anni e delle pagine, la presa di Mahi sulla sua sanità mentale diventa sempre più debole. Questo episodio gli costa un tributo tale che finisce per diventare solo l'ombra di sé stesso. Muore cinque mesi prima dello scoppio della guerra d'indipendenza algerina.

GERMAINE

Germaine è una donna raffinata e colta di quarant'anni, di origine francese. Sposata con Mahi, è la zia e poi la madre adottiva di Younes, che lei chiama Jonas. Il nipote la considera una persona tenace: "Germaine ha fatto di tutto per rendere felice la mia vita" (p. 69). È la roccia di Mahi per tutta la vita, ma dà anche sostegno a Jonas quando ne ha bisogno. Ogni volta che Jonas si mette nei guai, lei sembra sempre una presenza benevola sullo sfondo, pronta a dare una mano.

ÉMILIE

Quando Émilie appare per la prima volta nel romanzo, ha solo nove anni. Ogni settimana si reca in farmacia per farsi curare da Germaine. Jonas è immediatamente affascinato dalla ragazzina: "[avrebbe potuto] scambiarla per un angelo" (p. 114). È la figlia di Madame Cazenave ed è di una bellezza mozzafiato: nessuno dei ragazzi è immune al suo fascino. Tutto il dramma romantico è incentrato su di lei e, nonostante il suo amore per Jonas, che respinge tutte le sue avances, finisce per sposare Simon e avere un figlio da lui.

Rimasta vedova durante la guerra, Émilie lascia Rio Salado per iniziare una nuova vita. Jonas, che non riesce più a contenere il suo amore per lei, la cerca più volte nella speranza di riconquistarla, ma tutti i suoi sforzi sono vani. Lei gli dice amaramente: "Non mi hai mai permesso di aspettarmi nulla da te. Hai preso il mio amore per te e l'hai strangolato prima che potesse prendere il volo, proprio così. Il mio amore per te era morto prima di toccare terra" (p. 309).

Muore ad Aix-en-Provence. Il suo funerale riunisce tutti i personaggi principali del libro, le cui vecchie ferite, risalenti alla guerra d'indipendenza di decenni prima, possono finalmente guarire.

JEAN-CHRISTOPHE LAMY

Jean-Christophe proviene da una famiglia della classe media e i suoi genitori lavorano entrambi come concierge. È il migliore amico di Jonas e i due diventano inseparabili durante l'adolescenza. Ha una cotta per Isabelle Rucillio e i due si frequentano per anni, finché lui non si innamora di Émilie. Cerca di conquistare il suo cuore, ma quando la sente confessare il suo amore a Jonas, si sente ferito e tradito. In uno stato di fragilità emotiva, decide di partire per arruolarsi nell'esercito senza dirlo a nessuno. Anni dopo, quando finalmente torna, sposa Isabelle ed evita Jonas. I due si riconciliano solo alla fine del romanzo, mettendo finalmente la coscienza di Jonas a posto.

FABRICE SCAMARONI

Fabrice ha la stessa età di Jonas e un grande amore per le parole: le sue poesie sono l'orgoglio di Rio Salado. Bello, generoso e sognatore, è il primo a innamorarsi della bella Émilie, ma la sua felicità con lei è di breve durata. Rimane vicino a Jonas, Jean-Christophe, Simon e André per tutta la vita. Sposa una donna di nome Hélène dalla quale ha due figli.

SIMON BENYAMIN

Simon è un paffuto ragazzo ebreo "che amava i trucchi e gli scherzi" (p. 132). Questo personaggio accattivante è il burlone del gruppo. Ha poca fiducia in sé stesso a causa del suo aspetto: "Guardatemi: Ho un brutto muso, una pancia da pappa, un paio di gambe tozze, ho persino i piedi piatti" (p. 199). Sebbene si innamori di Émilie a prima vista, non prova nemmeno a corteggiarla e si fa da parte per il bene di Fabrice. La sua fiducia in sé stesso aumenta quando inizia a frequentare Madame Cazenave e i suoi affari cominciano a prosperare. È felicissimo quando sposa Émilie e mette su famiglia con lei, ma purtroppo fa una tragica fine quando viene assassinato dai fellagas.

ANDRÉ SOSA

André è l'orgoglioso figlio di Jaime Jiménez Sosa, uno dei più importanti proprietari di vigneti del Paese. Come suo padre, "a volte era un prepotente, poteva essere brutale con gli operai, ma era gentile con i suoi amici" (p. 133). Jonas trascura i commenti estremamente razzisti dell'amico perché André è premuroso con lui, come con tutti i suoi amici. Tuttavia, la sua vena violenta non si limita alle parole: è anche fisicamente aggressivo, soprattutto nei confronti del suo servo Jelloul, che terrorizza regolarmente.

Quando arrivano gli americani, André rimane affascinato dal loro Paese e dalla loro cultura. Ci fa anche un viaggio e torna deciso ad aprire una tavola calda in stile americano con un tavolo da biliardo, musica jazz in sottofondo e poster di star hollywoodiane alle pareti. Quando nella proprietà viene commesso un omicidio, non esita un istante ad accusare e picchiare Jelloul.

Nonostante le "osservazioni crudeli e casuali che faceva sugli arabi" (p. 113), rimane molto affezionato a Jonas per tutta la vita e si commuove quando si riuniscono ad Aix-en-Provence.

JELLOUL

Jelloul è un personaggio che inizialmente vive all'ombra di André. Come suo domestico, sopporta il temperamento di André senza esprimere la minima lamentela, perché, essendo l'unico capofamiglia di una famiglia numerosa, ha davvero bisogno del suo lavoro. Jonas lo aiuta spesso prestandogli denaro e accompagnandolo a casa sua quando si fa male. Nonostante Jonas intervenga in sua difesa quando viene accusato dell'omicidio del cugino di André, Jelloul viene dichiarato colpevole. Alla fine, riesce a fuggire e a tornare nel suo quartiere, diventando un simbolo di ribellione per la sua gente. In seguito, si libera un lato più aggressivo della sua personalità e incanala la sua rabbia per combattere nella Guerra d'Indipendenza unendosi a Sy Rachid, una delle figure più importanti della Resistenza.

Mostra a Jonas com'è il mondo per il suo popolo: "È così che vive la nostra gente, Jonas; la mia gente e anche la tua. Qui non cambia mai nulla, mentre tu continui a vivere come un principe" (p. 177). Considera un insulto il fatto che Jonas abbia voltato le spalle alla sua gente per integrarsi nella comunità pied-noir. Mostra lo stesso disprezzo e la stessa pietà di sempre quando torna a far visita a Jonas, questa volta accompagnato dai suoi compagni e dal loro capo, che è stato fucilato. Tuttavia, questa volta il suo nuovo status e il suo potere di decidere se Jonas vive o muore lo fanno sentire superiore a lui.

ANALISI

UN ROMANZO DI FORMAZIONE

Il genere del romanzo di formazione, o *Bildungsroman*, è emerso in Germania alla fine del XVIII secolo. Questo genere letterario, in genere, racconta la vita e l'evoluzione del protagonista fino alla sua crescita, all'apprendimento del vero significato della vita e alla sua maturazione. A tal fine, il personaggio deve affrontare vari ostacoli, quali:

• Morte, guerra, amore, ecc.

• Riti di passaggio che sono spesso ideati da una guida – ad esempio Gandalf ne *"Il Signore degli Anelli"* di J.R.R. Tolkien. Tuttavia, il protagonista può anche agire come guida personale.

In un vero romanzo di formazione, l'eroe è sempre cresciuto e ha imparato preziose lezioni di vita alla fine della storia.

Questo è vero per Younes in *"Quel che il giorno deve alla notte"*, poiché il lettore segue la sua storia dall'infanzia alla fine della sua vita. All'inizio è un personaggio innocente che non conosce le vie del mondo. La testimonianza della miseria del suo popolo lo fortifica gradualmente, esponendolo a difficoltà su difficoltà: prima vede la sua famiglia perdere tutto in un incendio doloso, poi scopre la miseria e la violenza che si nascondono nelle strade di Jenane Jato. Più tardi, quando si trasferisce nei quartieri europei, è esposto al razzismo e poi, come il Candide di Voltaire, agli orrori della guerra: ad esempio, assiste a un attentato che uccide diversi passanti. Di fronte alla ferocia della guerra, Younes sceglie finalmente da che parte stare: pur non approvando i metodi dei fellagas, si oppone molto più fortemente alla posizione della Francia sulla questione dell'indipendenza e al comportamento spesso irrispettoso dei pieds-noirs. Scegliendo da che parte stare, Younes dimostra di aver raggiunto una tappa importante dopo un lungo viaggio interiore verso la maturità, perché prima di scegliere da che parte stare, ha dovuto prima trovare sé stesso e definirsi in un mondo in cui capire quale fosse il suo posto sembrava impossibile. Impara anche una potente lezione di vita dal suo inutile amore per Émilie e alla fine dichiara: "Anche se ci sono cose che vanno oltre la nostra comprensione, per la maggior parte siamo gli artefici della nostra stessa infelicità" (p. 263).

Il personaggio di Jelloul può essere considerato una guida. Sebbene il rapporto tra i due personaggi sia basato sull'antagonismo più che sul sostegno, Jelloul spinge l'eroe in un angolo e lo costringe a scegliere da che parte stare.

UN PERSONAGGIO IN CERCA DI IDENTITÀ

L'identità del protagonista è confusa nel corso del romanzo. Sebbene il lettore capisca quasi subito che sia il figlio di Issa, il suo nome viene rivelato solo molto più tardi. Si chiama Younes quando è con la sua gente, ma diventa Jonas quando viene adottato dalla comunità pied-noir. Con il suo viso angelico, i suoi occhi azzurri e il suo nuovo nome, possiede tutti gli attributi necessari per inserirsi in questo nuovo stile di vita. Tuttavia, usare un nome diverso è un modo per mentire agli altri e a sé stesso? Isabelle Rucillio lo rimprovera proprio per questo motivo quando scopre la sua vera identità: "Bugiardo! [...] Ti chiami Younes, vero? Younes? Allora perché vai in giro a farti chiamare Jonas?" (p. 118).

Da quel momento in poi, cambia nome a seconda delle persone con cui si trova, ma cambia anche lingua e cultura. Si fa chiamare Younes da alcune persone per un desiderio di autenticità, ma si presenta sempre e solo come Jonas agli altri. Ad esempio, Mahi e Jelloul si alternano a chiamarlo Younes o Jonas a seconda delle circostanze. Usando il suo nome di nascita, gli ricordano che non deve mai dimenticare le sue origini.

Quando Younes raggiunge l'adolescenza, la ricerca della propria identità diventa ancora più intensa a causa della sua doppia identità. Riflette molto: "Perché avevo sempre sentito di dovermi ritagliare un posto tra i miei amici?". (p. 266). Torna a Jenane Jato in diverse occasioni, ripercorrendo i passi del ragazzo che era un tempo per ritrovare la strada verso la sua famiglia e le sue radici. Tuttavia, quando vede sua madre, prova "vergogna per la sua avidità, [...] vergogna per la fame e il dolore che le deformavano il volto" (p. 128). Si sente in imbarazzo quando mette piede in questo mondo miserabile perché il suo stile di vita è cambiato. È abituato alle comodità, all'istruzione, alla sicurezza e alla vita tranquilla che gli offre la comunità pied-noir.

La dualità dei nomi Younes e Jonas simboleggia l'impossibilità di una vera uguaglianza e armonia tra i pieds-noirs e gli indigeni. Con un piede in ogni mondo, l'eroe è diviso tra la comunità in cui è nato e quella in cui è stato adottato. Tuttavia, quando la rabbia che attraversa l'Algeria raggiunge il culmine, deve scegliere. Jelloul lo mette ripetutamente alle strette, finché non è costretto a fare una scelta.

Solo alla fine della sua vita Younes sembra essere in pace con sé stesso. Ha raggiunto un equilibrio interiore mantenendo le sue amicizie, rinunciando all'amore impossibile per Émilie e rimanendo fedele al suo Paese e al suo popolo. Jonas rimane sempre una parte di lui, ma è nato Younes ed è quello che sarà sempre, prima di tutto. Simbolicamente, anche se la sua identità rimane ambigua per tutta la storia, finalmente conosciamo il suo cognome proprio nell'ultima pagina del libro: "'Mahieddine Younes?' 'Sono io'" (p. 391).

L'ALGERIA COLONIALE E IL DESIDERIO DI INDIPENDENZA

Khadra usa questo romanzo per dipingere un quadro dell'Algeria dagli anni '30 fino al 1962, quando fu dichiarata l'indipendenza. Per questo motivo, la guerra d'Algeria non è l'argomento principale di tutto il romanzo. Prima che la guerra scoppi, i mormorii del malcontento diventano un ruggito, il Paese rosicchia "la sua rabbia come carne in decomposizione" (p. 83) e la rabbia verso coloro che hanno sottomesso l'Algeria inizia a ribollire. Leggendo questo libro, la nozione di nazionalismo algerino è visibile e contagiosa molto prima del 1954. Attraverso il personaggio di Younes, che offre al lettore una visione sfumata di entrambe le sfaccettature del Paese, l'Algeria coloniale può essere chiaramente riconosciuta come una società multiculturale in cui famiglie modeste, poveri, ricchi proprietari terrieri e indigeni vivono fianco a fianco, arrangiandosi come possono. Non si tratta affatto di una visione in bianco e nero del mondo, perché sia nei quartieri più poveri che in quelli più eleganti si possono trovare personaggi bene-voli e ostili.

Zio Mahi incarna il desiderio di indipendenza dell'Algeria dal dominio coloniale. Pur godendo di uno stile di vita agiato, è estremamente coinvolto intellettualmente nel suo Paese. Può vivere nella comunità pied-noir, ma non dimentica mai chi è e da dove viene. Per questo motivo, insegna a Younes la storia della sua famiglia con grande orgoglio. Gli racconta, infatti, che la sua bisnonna non era altro che Lalla Fatma N'Soumer, che fu una figura così importante nella resistenza contro gli invasori francesi da essere talvolta chiamata la Giovanna d'Arco del Djurdjura. Mahi si dimostra politica-mente impegnato a modo suo, attraverso conferenze, appunti e dibattiti in riunioni segrete. È un appassionato degli scritti di Shakib Arslan, pubblicati su *La Nation Arabe*, un giornale molto influente tra i nazionalisti. Ospita anche una visita di Messali Hadj e discute per ore con lui e con altri membri della fazione pro-indipendenza in Algeria. Pur essendo impegnato politicamente, Mahi è un pacifista e, dopo essere stato incarcerato per una settimana per aver organizzato questi incontri, decide di non voler più ripetere l'esperienza. Mentre l'Algeria ricorre a metodi sempre più vio-lenti per conquistare la libertà, vediamo la salute di Mahi subire un simbolico declino.

UN AMORE CHE NON ERA DESTINATO AD ESSERE

Le strade di Émilie e Jonas si incrociano molte volte nel corso della loro vita e ognuno lascia un'impressione duratura sull'altro. Il loro primo incontro avviene in farmacia, quando

Émilie ha nove anni. Jonas "avrebbe potuto scambiarla per un angelo se non fosse che il suo viso, così bianco da sembrare di marmo, portava il segno inconfondibile di qualche terribile malattia" (p. 114). Émilie viene in farmacia ogni mercoledì per alcune settimane per farsi curare da Germaine e Jonas esce sempre da scuola il prima possibile in quei giorni per poterla vedere. Un giorno, mentre la zia si occupa di lei, infila una rosa tra le pagine del suo libro, ma poi Émilie scompare.

Passano molti anni prima che i due si riuniscano finalmente all'inaugurazione della tavola calda di André. Émilie è diventata una giovane donna bellissima e Jonas, Fabrice, Simon e Jean-Christophe subiscono il suo fascino. Inizialmente la ragazza si affeziona a Fabrice, fino al giorno in cui scopre il legame tra Jonas e il ragazzo che incontrava in farmacia. Da quel momento, la ragazza si innamora di Jonas, ma lui respinge tutte le sue avances e la evita nel tentativo di ignorare i propri sentimenti per lei.

Jonas ed Émilie si cercano, si amano e si respingono per tutta la vita, senza mai dare al loro amore la possibilità di sbocciare. Cosa rende impossibile il loro amore? È la paura di Jonas di perdere i suoi amici? La promessa fatta a Madame Cazenave di stare lontano da sua figlia? La paura di stare con una francese? Il timore di ciò che gli altri potrebbero dire? Jonas non dà mai una risposta, anche quando Émilie lo implora. Alla fine, è lui stesso l'artefice della sua infelicità: non osando agire, non osando amare, perde l'amore della sua vita e gli amici più cari. Anche se si nasconde a lungo dietro la promessa fatta a Madame Cazenave e la fedeltà agli amici, la vera ragione del suo atteggiamento è l'incapacità di fare il grande passo. Alla fine, molti anni dopo, decide di seguirla, ma è troppo tardi: Émilie è stata ferita troppo spesso dai suoi continui rifiuti.

Alla fine, le loro vite non sono altro che una serie di occasioni mancate. Émilie esprime tutti i suoi sentimenti verso di lui dall'oltretomba lasciandogli una lettera che dice: "Ti ho aspettato il giorno dopo il nostro incontro a Marsiglia. Ti ho aspettato nello stesso posto. Ti ho aspettato il giorno dopo e tutti i giorni seguenti" (p. 386).

Sebbene Jonas si sposi e abbia due figli, questo non sembra avere una vera importanza nella sua vita e non mette mai in ombra il suo amore per Émilie, che viene menzionato solo brevemente nel testo: "Mia moglie è morta dieci anni fa. Ho un figlio che è sposato e vive a Tamarasset e una figlia che è professoressa alla Concordia University di Montreal" (p. 391). I loro nomi non vengono nemmeno indicati, dando l'impressione che questa parte della sua vita sia del tutto irrilevante.

ULTERIORI RIFLESSIONI

ALCUNE DOMANDE SU CUI RIFLETTERE...

- Perché questo libro può essere considerato un romanzo di formazione? Spiegate la vostra risposta usando esempi di vari ostacoli che l'eroe ha dovuto superare.

- Confrontate le circostanze iniziali in cui incontriamo Younes con la sua situazione alla fine del romanzo. Come si è evoluto?

- Quali sono le analogie tra il personaggio di Gandalf de *"Il Signore degli Anelli"* e il personaggio di Jelloul?

- In che modo lo zio Mahi è un simbolo del conflitto in Algeria?

- Quali sono i motivi che spingono l'eroe a cercare la propria identità?

- Come si riflette l'Algeria coloniale nella dualità Younes/Jonas?

- Quale punto di vista narrativo viene utilizzato? Cosa offre al lettore?

- Cosa rende impossibile l'amore tra Émilie e Jonas?

- "Non ti sto abbandonando, non ti sto rinnegando; voglio semplicemente che tu abbia una possibilità nella vita" (p. 61). Spiegate il significato di queste parole di Issa al figlio.

- Utilizzando estratti del libro, interpretate il titolo del romanzo.

ULTERIORI LETTURE

EDIZIONE DI RIFERIMENTO

Khadra, Y. (2011) *What the Day Owes the Night*. Trans. Wynne, F. Londra: Vintage.

STUDI DI RIFERIMENTO

Rioux, J.P. (2010) *Histoire du monde de 1918 à nos jours*. Parigi: Larousse.

ADATTAMENTI

Ce que le jour doit à la nuit. (2012) [Film]. Alexandre Arcady. Dir. Francia/Belgio: Wild Bunch.

Vogliamo sapere da voi!
Lasciate un commento sulla vostra biblioteca online
e condividete i vostri libri preferiti sui social media!

www.50minutes.com

Master ISBN: 9782808689984
ISBN cartaceo: 9782808611381
Deposito legale: D/2023/12603/1418

Copertura: © Primento

Concezione digitale a cura di Primento, il partner digitale degli editori.